Meine Firmung

Wann?

Wo?

||||||||||||||||||||||||||||||||
W0194157

Firmspender

Firmpatin/-pate

Kerstin Leitschuh
Marcus Leitschuh
Peter Jansen

Gott
ist immer
online

Zur Firmung

Verlag Neue Stadt
München · Zürich · Wien

Für ein Foto

Firmung – Gottes Grundausstattung

Mit der Firmung schenkt uns Gott die Gaben des Heiligen Geistes. Diese Gaben sind so etwas wie eine Grundausstattung auf dem Smartphone. Da sind viele Apps zu finden. Anwendungen, die dienlich sein können. Sinnvoll ausgewählte Apps können wir für Navigation und Nachrichten, Bildbearbeitung und Gesundheit, Lernen und Einkaufen nutzen, aktivieren und von Zeit zu Zeit aktualisieren.

Ähnlich ist es auch mit den
Gaben des Heiligen Geistes:

> Weisheit,
> Erkenntnis,
> Einsicht,
> Rat,
> Stärke,
> Frömmigkeit
> und Gottesfurcht.

Gaben, die es in sich haben.
Gaben, die wir nutzen können.

Be-GEIST-ert werden wir durch die Firmung!

Der Heilige Geist kommt.
Er will uns begeistern.
In Schwung bringen,
Lust auf das Leben machen –
und auf den Glauben.

Heiliger Geist –
           das ist die kreative Kraft Gottes!

Ein Architekt, ein Bühnenbildner, ein Maler,
sie alle brauchen am Anfang eine Idee, einen
Geistesblitz. Aus heiterem Himmel.
Der „heitere Himmel" in der Redewendung
sagt schon, woher solche Gedanken kommen. Nicht aus einem trüben Zufall. Der
Himmel freut sich, ist heiter, wenn wir Menschen kreativ werden, gute Ideen haben, die
Welt voranbringen. Denn Gottes Geist will
uns herausfordern, die Welt nicht aus den
Augen zu verlieren und aktiv zu werden.

Deshalb fällt die Firmung in ein Alter, in dem wir anfangen, Verantwortung zu übernehmen, langsam erwachsen werden. Wir dürfen rechtlich immer mehr, aber damit wachsen auch die Pflichten. Der Heilige Geist findet seinen Ausdruck im Engagement für den Umweltschutz, bei der Freiwilllgen Feuerwehr, als Gruppenleiter in der Kirchengemeinde, in der Schulband, in der Demokratie ... Das alles beginnt nicht mit dem Firmtag, aber es kann durch ihn seinen Segen bekommen. Gott steht zu uns, er motiviert uns, er lässt uns nicht allein.

Mit diesem Buch wollen wir dich an den Tag der Firmung erinnern. Wir wollen dich über wichtige Begriffe rund um die Firmung informieren und in deinem Glauben stärken und ermuntern.

Kerstin Leitschuh
Marcus Leitschuh
Peter Jansen

Inhalt

W-LAN einschalten

Fantastisch!
Mit W-LAN lade ich Filme runter.
Mit W-LAN kann ich videochatten –
als ob die Menschen im gleichen Raum wären.
Aber auch irgendwie unheimlich!
Unsichtbare Verbindungen
können Großes bewirken.
Und manchmal bin ich ohne W-LAN auch
ganz schön aufgeschmissen.

Unsichtbare Verbindungen ...
Auch zu meinen Freunden.
Blindes Vertrauen, wortloses Verstehen.
Unheimlich.

Unsichtbare Verbindung
auch zu Gott.
Eine unsichtbare Verbindung,
die dich stärken kann,
die dich unterstützt.
Ein kurzer Gedanke vor der Prüfung,
eine Bitte für die kranke Oma,
ein leises Dankeschön nach einem tollen Tag.

Gott ist mit dir unsichtbar verbunden.
In jedem Moment kannst du
diese Verbindung aktivieren!

Kerstin Leitschuh

F wie Firmung oder firm sein im Glauben

Wir sagen,
jemand ist firm
in Geschichte oder Mathe –
und meinen,
er hat da eine gute Grundlage
und weiß Bescheid.

Firmung kommt vom lateinischen Wort
firmare, das heißt:
stärken, dauerhaft machen, sichern.

Gefirmt wird,
wer sich mit dem Glauben
vertraut gemacht hat.

Die Firmung
ist das Sakrament der Bestärkung
durch den Heiligen Geist,
ein Festmachen im Glauben,
die Grundlage für gelingendes Leben
mit Jesus Christus
(sogar dann, wenn nicht alles glatt läuft!).

In der Vorbereitung auf die Firmung
frage ich mich:
Was weiß ich von Jesus?
Kenne ich mich in der Bibel ein wenig aus?
Bin ich in der Gemeinde der Christen
zu Hause –
bin ich fit im Glauben – fit für Firmung?

Peter Jansen

Fragen-VATERUNSER

Vater unser im Himmel,
WO IST DER HIMMEL

geheiligt werde dein Name.
WIE HEILIGE ICH

Dein Reich komme.
WAS ÄNDERT SICH DADURCH

Dein Wille geschehe,
wie im Himmel so auf Erden.
WERDE ICH WILLENLOS

Unser tägliches Brot gib uns heute.
WARUM HUNGERN MENSCHEN

Und vergib uns unsere Schuld,
WIRKLICH ALLES

wie auch wir vergeben unsern Schuldigern.
UND WENN ICH DAS GAR NICHT WILL

Und führe uns nicht in Versuchung,
IST VERBOTEN WAS SPASS MACHT

sondern erlöse uns von dem Bösen.
WAS UND WER IST BÖSE HEUTE

Denn Dein ist das Reich und die Kraft und
UND WO IST DER KRAFTGOTT BEI KREBS
UND CORONAVIRUS

die Herrlichkeit in Ewigkeit. Amen.
WAS IST SCHON EWIG

Marcus Leitschuh

Mit Öl gesalbt

Wer mit Öl übergossen wird,
hat gleichsam eine neue zweite Haut,
wird widerstandsfähig
und für Gegner nicht fassbar.

Öl hat aber auch etwas Heilendes
und Linderndes.
So wurden in der Antike auch Wunden
mit Öl versorgt.
Im Sakrament der Krankensalbung
werden Kranke und Sterbende gesalbt –
Gott heilt und stärkt.

Auch wichtige kirchliche Dinge
werden gesalbt
zum Zeichen der Indienstnahme,
wie Altäre und Glocken.

„Sei besiegelt mit der Gabe Gottes,
dem Heiligen Geist",
sagt der Firmspender, oft ein Bischof,
bei der Firmung
und zeichnet dir mit Öl (Chrisam)
ein Zeichen auf die Stirn.

Du bekommst gleichsam einen Stempel
aufgedrückt, der besagt,
zu wem du gehörst.

Christus, der Gesalbte,
nimmt dich in seinen Dienst,
stärkt dich für dein Leben
und befähigt dich zu lieben.

Peter Jansen

Tief in mir

Tief in mir
bin ich auf der Suche
nach klaren Antworten
bestechenden Lösungen
zweifelsfreien Entscheidungen
Wenn ich dann aber
tief in mich hineinhöre
finde ich gute Gründe
meiner inneren Stimme
vielleicht der Stimme Gottes
in mir
nicht zu folgen
Gottes Geist
will mich ermutigen:

Hör auf dich
Hör auf Gottes Inspiration in dir

Marcus Leitschuh

Unverwechselbar

Dein Daumen entsperrt
Dein Smartphone.
Dein Fingerabdruck ist einmalig.
Niemand hat deine Nase,
Deine Augen.
Niemand denkt wie du,
sieht die Welt wie du,
lebt wie du.

Dein Freund mag genau dich.
Deine Freundin möchte niemand
anderen an ihrer Seite haben.

Du bist einmalig
von Gott geschaffen!

Kerstin Leitschuh

Sakramente

Eine Möglichkeit der Begegnung mit Jesus ist der Empfang der Sakramente.
In der katholischen Kirche kennen wir sieben:

> Taufe,
> Eucharistie (Kommunion),
> Beichte (Bußsakrament)
> und Firmung,
>
> Ehesakrament (Trauung)
> und Priesterweihe,
>
> Krankensalbung.

Darin schenkt sich mir Jesus.
Wir sagen, Jesus hat diese Sakramente einge-setzt, darin wird er konkret für mich spürbar.

Manche Sakramente empfängt man nur einmal, andere kann man immer wieder empfangen.

Gott schenkt sich uns in den Sakramenten,
ist uns nahe – gleichsam „online",
ganz „auf Empfang".

An konkreten Stationen meines Lebens
ist er für mich da,
helfend, heilend und bestärkend.

Peter Jansen

Was macht den Menschen zum Menschen?

Wir bestehen zu etwa 60% aus Wasser. Der Rest sind:

16 % Proteine,
10 % Lipide,
1,2 % Kohlenhydrate,
1 % Nucleinsäuren
und 5 % Mineralstoffe.

Der Mensch,
die Summe chemischer Reaktionen?
Gebaut aus Schwefel, Natrium, Magnesium
und anderen Stoffen, die man auch in einer
Brausetablette findet?
Ja und nein, denn nicht die Summe
unserer chemischen Zusammensetzung
macht uns aus!

Menschlichkeit haben nur Menschen.
Können nur Menschen haben.
Wir tragen alles in uns:
Die Veranlagung zum Lieben
und zum Hassen.
Zum Verzeihen und Bestrafen.

Gottes Geist
will uns fürs Menschsein begeistern:
Mensch sein, voll und ganz!
Die Firmung will uns fit machen,
echt zu sein.
Mehr als Haut und Haare:
Herz und Seele!

Marcus Leitschuh

Gemeinde

Du gehörst zu einer Kirchengemeinde oder Pfarrei; es gibt dort verschiedene Seelsorgerinnen und Seelsorger, darunter auch den Pfarrer der Gemeinde.

In der Gemeinde wird die Firmvorbereitung koordiniert und durchgeführt. Dort findet überwiegend das kirchliche Leben statt: Gottesdienste, Taufen, Trauungen und Beerdigungen; Gruppen, Vereine und Verbände treffen sich dort; Kinder, Jugendliche und Erwachsene werden angesprochen. Viele haupt- und ehrenamtliche Frauen und Männer wirken mit, damit eine Gemeinde um den Kirchturm herum lebt.

Vier Grundvollzüge sollten in einer Kirchengemeinde erkennbar sein, damit diese als wirklich christlich gelten kann:

Liturgie und Gottesdienst,
Gemeinschaft im Leben und im Glauben,
Solidarität mit dem nahen
        und dem fernen Nächsten
und das Zeugnis für Jesus Christus.
Wenn es das gibt, dann kann eine Gemeinde
sich wirklich christlich nennen. Und dann kann
man in ihr Christus als den Mittelpunkt er-
kennen.

Zu welcher Gemeinde gehörst du?
Welchen Namen trägt deine Kirche
oder deine Pfarrei?

Peter Jansen

Stell dir vor

L asst uns den Menschen machen
nach unsrem Bilde, uns ähnlich."

So steht es am Anfang der Bibel,
gleich im 26. Vers des 1. Kapitels.

Gott legt los.
Kreativ.
Schöpferisch.
Künstlerisch.

Gottes Macht
macht Menschen.
Ihm ähnlich.
Ihm ähnlich?

Das Muttermal am Rücken.
Der Speck auf den Hüften.
Die Brüste unterhalb der Modelgröße.
Die gelben Zähne.
Der eingewachsene Zehennagel.

Nobody is perfect.
Und trotzdem:
ihm ähnlich?
Ja!
Als Ganzes
Gott ähnlich.
Auch du. Auch wir.
Stell dir das mal vor!

Marcus Leitschuh

Waschbrettbauch?

Ein Waschbrettbauch
wäre schon klasse!"

Solche Gedanken dürfen wir haben.
Sich an Schönheit erfreuen,
das gehört dazu.
So wie Gottes Reaktion
nach jedem Schöpfungstag beschrieben wird:

„Und er sah, dass es gut war."

Dieses Gut-Sein schließt alles ein
und deutet uns darauf hin,
dass Schönheit
in den Augen des Betrachters liegt.
Wer verliebt ist, weiß das am besten:
Der, die andere ist einfach ... wunderschön!
Es ist wirklich wahr:

**Schönheit liegt
in den Augen des Betrachters!**

Gott findet mich schön!
Er mag mich.
Er liebt mich. So wie ich bin!
Ich darf dies annehmen.

Und es kommt vor,
dass es Menschen gibt,
die mich mit den Augen Gottes sehen!
Schön, oder?!

Marcus Leitschuh

Beichte

Vor der Firmung gibt es das Angebot des persönlichen Gesprächs mit einer Seelsorgerin, einem Seelsorger. Oder die Beichte bei einem Priester, meist als Beichtgespräch in einer Kirche, manchmal nach einem gemeinsamen Bußgottesdienst. Danach stehen dann verschiedene Priester für ein Beichtgespräch zur Verfügung.

Was soll/kann ich beichten?
Was ist das eigentlich: „Sünde"?
Was darf ich mir „von der Seele" reden?
Gibt es etwas, das mich schon lange belastet?

Sünde ist Abkehr von Gott.
Sünde ist bewusstes Handeln
                    gegen das Leben.
Einen Menschen erniedrigen,
ihn vor anderen schlecht machen,
ihm die Würde absprechen, das ist Sünde;

bewusst und in voller Absicht
die Umwelt schädigen,
Tiere quälen und töten, einfach „aus Spaß",
das ist Sünde.

Es ist gut, einmal darüber nachzudenken, wie
ich mit meinen Mitmenschen in der Schule, in
der Freizeit oder der Familie umgehe. Dabei
wird mir klarer, wie wichtig für mich das Leben ist. Von der Antwort hängt viel ab. Und
dies mit einem Priester zu besprechen und
Fehler, die ich gemacht habe, einzugestehen
ist eine einzigartige Chance. In der Beichte
von ihnen von Gott „losgesprochen" zu werden, kann ein großes Geschenk sein. Auch
später, nach der Firmung!

Peter Jansen

Einstellungen ändern

ch merke:
Es ist falsch.
Es fühlt sich nicht gut an,
wie es ist.

Liegt es an den Einstellungen?

Liegt es an *meiner* Einstellung
zum Leben,
zu Menschen,
zur Welt?

Einstellungen
können geändert werden.
Du musst ja nicht alle
auf einmal ändern!

Aber es ist gut zu wissen:

Du kannst dich ändern.
Du kannst Fehler zugeben.
Du kannst Menschen vergeben.
Du kannst um Verzeihung bitten.
Du kannst dein Leben ändern!

Gott begleitet dich dabei,
wenn du deine Einstellungen ändern willst,
er verzeiht dir,
er gibt dir Kraft und Ideen,
er segnet dich.

Kerstin Leitschuh

Freundschaftsanfragen

Wie viele digitale Freunde
und Follower hast du?

Irgendwie fühlt es sich gut an,
wenn jemand mein Bild anklickt,
wenn's ihm gefällt.
Es fühlt sich gut an,
wenn jemand mir
eine Freundschaftsanfrage schickt.
Ich fühle mich wohl,
wenn ich nicht alleine bin.

Richtige Freundinnen und Freunde
sind lebensnotwendig.
Freunde kennen mich genau.
Freunde trösten und ermutigen.
Freunde teilen die gleichen Interessen,
gehen durch dick und dünn.

Freunden kann ich sagen,
wie es mir geht,
wie es mir *wirklich* geht,
ohne ihnen etwas vormachen zu müssen.

Danke, Gott,
für alle Freundinnen und Freunde.
Für alle, die gerne mit mir zusammen sind.
Und danke, Gott,
für einen ganz besonderen Freund:
für Jesus.
Ihm kann ich immer alles sagen.
Auf ihn kann ich mich absolut verlassen!

Kerstin Leitschuh

Pfingsten – Heiliger Geist

Die Apostelgeschichte – ein Buch des Neuen Testaments in der Bibel – beschreibt Pfingsten an einem bestimmten Ort zu einer bestimmten Zeit: in Jerusalem, vierzig Tage nach Ostern. Die Apostel, Maria und andere Frauen sind in einem großen Raum versammelt, als der Heilige Geist auf sie herabkommt. Auf einmal werden die Ängstlichen mutig: Die, die sich eingesperrt hatten, gehen auf die Straße, sie sprühen vor Begeisterung und verkünden Jesus, den Gekreuzigten und Auferstandenen. Und alle verstehen sich wie nie zuvor.

Ein Wunder ist geschehen – Blockaden haben sich gelöst – aus Angsthasen werden Verkünder der frohen Botschaft von Jesus.
Was diese Menschen erlebten, haben viele andere auch erlebt, durch die Jahrhunderte hindurch – bis heute!

Pfingsten wird erlebbar, wenn Menschen Gott etwas zutrauen, wenn sie ihn um Kraft bitten, um Kreativität, um *Esprit*. Wenn sie merken: Ja, dieser Geist verändert etwas! In mir. In uns und unserer Umgebung.

Pfingsten geschieht auch im Firmgottesdienst, wenn der Firmspender sagt: „Sei besiegelt mit der Gabe Gottes, dem Heiligen Geist!" Dann wird der Firmling im Glauben gestärkt, um Zeuge, um Zeugin der Botschaft Christi zu sein.

Jede Gemeinde freut sich über junge Leute, die für den Glauben brennen und einstehen. Der Heilige Geist, die Kraft Gottes, ja Gott selber, schenkt jeder und jedem Gefirmten im Glauben Hoffnung und Zukunft. Und auch durch sie verändert er etwas in der Welt!

Peter Jansen

In Frieden entlassen

Nach der Firmung sagt der Firmspender: „Der Friede sei mit dir!" Meistens gibt er den Gefirmten die Hand oder klopft ihnen auf die Schulter und wünscht ihnen den Frieden.

Der Friedensgruß ist ein wichtiger Wunsch, den schon Jesus seinen Freunden immer wieder mit auf den Weg gab: „Haltet Frieden und bringt Frieden!" steckt dahinter.

Als Getaufte und Gefirmte sind wir Friedensbringerinnen und Friedensbringer Jesu. Wir sind nicht ohne Auftrag entlassen.

Also: Geht nun hinaus in die Welt und in die Gesellschaft, gestaltet eure Gemeinde und die Kirche mit und seid Zeuginnen und Zeugen für Jesus Christus. Gebt seinen Frieden weiter in die Welt.

Sucht euch Mitstreiter für die Sache des Friedens, engagiert euch für das Leben, für Menschen in Not vor eurer Haustüre und anderswo in der Einen Welt, setzt euch ein für den Klima- und Umweltschutz, tretet ein für Gerechtigkeit und Menschenwürde.

Vielleicht habt ihr in eurer Firmvorbereitung solche Gruppen von Engagierten kennengelernt. Die freuen sich, wenn ihr dort mitmacht, wenn ihr euren Platz in der Gesellschaft findet. Das Eintreten für Solidarität, Gerechtigkeit und die Bewahrung der Schöpfung gehört zum Wesen christlichen Lebens.

Peter Jansen

Ich bin kein ~~Kind~~ mehr

Firmung ist kein Sakrament für Kinder. Firmung erfordert Entscheidung. Nicht mehr meine Eltern entscheiden für mich, sondern ich selbst habe mich angemeldet zur Vorbereitung. Das ist wichtig. Ich brauche damit niemandem einen Gefallen zu tun. Diesen Glaubensweg gehe ich für mich.
Als Firmling entscheide ich mich für einen Weg, nicht für ein Ziel: dafür, mich auf die Spur von Jesus zu begeben, mehr von ihm zu erfahren, in einer Gemeinschaft mit anderen meinen Platz zu finden. Das kann eine spannende Zeit werden, in der ich mehr über mich und über mein Leben erfahre.

Ich bin kein Kind mehr ... Ich kann meinen bisherigen Lebensweg überdenken und reflektieren, meinen Gefühlen auf die Spur kommen: Wem vertraue ich? Mit wem kann ich alles besprechen, meine Freude, meine Sorgen, meine Talente und meine Schwächen? Wer ist der oder die andere, dem oder der ich alles, wirklich alles, sagen kann?

Sehr gut möglich, dass es nicht mehr die Eltern sind; denn Erwachsenwerden bedeutet auch, dass es Themen gibt, die man unterschiedlich sieht, Streitpunkte und Differenzen können dazugehören. Das ist bitter für beide Seiten, Hauptsache, sie können fair miteinander ausgetragen werden. Die beste Freundin, der beste Freund kann jetzt wichtiger sein. Ein Mensch, dem ich „mein Herz ausschütten" kann, ist Gold wert. Wie gut tut es, einander zuzuhören und füreinander da zu sein, wie wertvoll ist so eine Freundschaft, die vielleicht ein ganzes Leben trägt!

Peter Jansen

Gottes Geschenk

Firmung ist Geschenk Gottes an uns. In der Firmung schenkt er uns das, was die Apostel und die Jüngerinnen und Jünger in Jerusalem bekommen haben und was die Gemeinde der Christen erstehen ließ: Kraft und Selbstbewusstsein, Stehvermögen und Klugheit, Vertrauen in Gott, in die Mitmenschen und in die eigenen Fähigkeiten, Furchtlosigkeit. Er macht uns zu Menschen mit Rückgrat! Das sind großartige Geschenke!

Angst, Furcht, Ellbogen, Drohgebärden, Schlagkraft sind nicht seine Gaben, die machen einen erwachsenen Christen nicht aus.

Stehvermögen und Gewaltlosigkeit aber widersprechen sich nicht. Diese Gaben muss ich mir nicht verdienen, sie sind Geschenke der großen, überbordenden Liebe Gottes an uns, die er in Fülle austeilt. Gottes Liebe ist so wunderbar, so wunderbar groß!

Peter Jansen

Ich bin einmalig

Nur ich
stecke in meiner Haut.

Nur ich
werde meinen Weg gehen.

Nur ich
kenne meine Gefühle.

Nur ich
sehe mit meinen Augen.

Nur ich
habe meinen direkten Draht zu Gott.

Der Große hat Großes mit mir vor.

Marcus Leitschuh

Als Gefirmte auf dem Weg

Als Gefirmte sind wir auf dem Weg – immer von Gottes Liebe und seinem Geist begleitet. Das Wort „Firmung" geht wie gesagt wie das evangelische „Konfirmation" auf das Wort „firmare" zurück und meint „bestärken". Und auch im Wort „firm" aus dem 18. Jahrhundert steckt dieselbe Wurzel. Firm heißt fest, sicher, stark. Die Firmung festigt, schenkt Sicherheit und stärkt. Sie macht fest im Glauben. Sicher im Wissen um die Liebe Gottes. Stark in der Kraft Gott, uns und den Nächsten zu lieben. Auf allen Wegen. Was immer kommt, wo ich auch hingerate ...

Sackgasse. Manchmal merke ich erst, wenn es zu spät ist, dass mein Leben in eine falsche Richtung gelaufen ist. Ein falscher Weg – ich muss zurück. Manchmal habe ich Gott und die Menschen übersehen, habe ihnen nicht geglaubt, als sie mich auf die Sackgasse hingewiesen haben. Sollte ich die Richtung ändern? Mich ändern?

Vorsicht: Spurrillen auf der Fahrbahn. Manchmal hinterlasse ich Spuren. Gute Spuren: Ich habe meine Fähigkeiten zum Wohl der Menschen eingesetzt. Aber auch negative Spuren, Narben: da, wo ich anderen geschadet, sie verletzt habe.

Vorfahrt beachten. Manchmal nehme ich Gott die Vorfahrt. Manchmal kann mich keiner bremsen. Ganz egal, was andere machen, ganz egal, wer im Recht ist. „Die Freiheit nehm' ich mir!" – Ganz egoistisch, ohne zu sehen, wer dabei auf der Strecke bleibt.
Oder es kommt mir etwas entgegen. Etwas Ungeplantes, etwas Unvorhergesehenes? Etwas Gefährliches? Da gilt es wachsam zu sein. Es kann aber auch einfach nur etwas Neues, Ungewohntes sein, das mir da entgegenkommt und auf das ich mich einlassen sollte. Manchmal übersehe ich Chancen!

Marcus Leitschuh

Dazwischen sein

Zwischen Gewissheit und Zweifel.
Zwischen Antworten und Fragen.
Zwischen hier und woanders.
Zwischen Geschichte und Zukunft.
Zwischen Liebe und Alleinsein.
Zwischen hoffen und verzweifeln.
Zwischen ja und nein.
Zwischen oberflächlich und echt.
Zwischen Himmel und Erde.
Zwischen Mut und Verzagtheit.
Zwischen allen Stühlen.
Zwischen allem, was mir Sicherheit gibt.
Du bist bei mir, Gott.

Marcus Leitschuh

Akku laden

Der Akku ist leer.
Das rote Zeichen blinkt.
Ich brauche eine Steckdose.
Wo kann ich aufladen?

Wo kann ich *mich* aufladen?

Gott kann dir die fehlende Energie schenken.
Wenn du dich mit ihm verbindest.
Wenn du offen bist für sein Wirken.
Ihm kannst du in der Stille begegnen,
in der Natur oder einer leeren Kirche.
Er kann zu dir sprechen
durch einen lieben Menschen,
der genau die richtigen Worte findet.
Gott wartet darauf,
dass du bei ihm andockst.

Kerstin Leitschuh

Stark sein mit Herz

Kleine Wassertropfen können stark sein.
Höhlen einen Stein langsam aus.
Tropfen für Tropfen.

Kleine Lichtstrahlen können stark sein.
Vertreiben die Dunkelheit.
Strahl für Strahl.

Kleine Töne können stark sein.
Bilden gemeinsam Musik.
Ton für Ton.

Kleine Menschen können stark sein.
Machen die Erde menschlicher.
Mensch für Mensch.

Marcus Leitschuh

Hier, jetzt, heute

Nicht in verstaubten Büchern.
Nicht in alten Ritualen.
Nicht in historischen Gemäuern.
Nicht in überlieferten Gesängen.
Im Hier und Jetzt.
Im Heute und Morgen.
In meinem Leben.
In diesem Moment.
Durch mein Handeln.
Durch mein Lieben.
Wird Gott lebendig.

Marcus Leitschuh

Aufladen

Es gibt immer mal wieder Momente,
in denen es gut ist, Energie zu sparen.
Energie ist kostbar.

Da hilft der Energiesparmodus
des Smartphones.

Weniger Strom.
Weniger Energie.

Auch wir Menschen brauchen ab und an
den Energiesparmodus.

Es mal ruhiger angehen lassen.
Nicht immer mit voller Power.
Sich eine Auszeit gönnen.
Mal alle Fünfe gerade sein lassen.
Einen Gang runterschalten.

Der Sonntag will so ein Tag sein.
Auch der Gottesdienst
kann entschleunigen.
Wie eine Oase,
wo ich zur Ruhe komme,
mich ansprechen lasse vom Wort Gottes.
Um neue Kraft zu bekommen,
neue Energie.
Um aufzuladen,
wenn ich auf Reserve lebe.

Marcus Leitschuh

Vom Geist bewegt

Auch wenn wir uns manchmal schwertun, auch wenn wir nicht genau wissen, wohin die Reise geht: Der Heilige Geist will uns führen, Schritt für Schritt! Vom Geist bewegt können wir leben!

Vom Geist bewegt,
     um Menschen Vorbild zu sein.
Vom Geist bewegt,
     suchend und hoffend.
Vom Geist bewegt,
     um Fragen zu stellen.
Vom Geist bewegt,
     um mitten in der Welt zu stehen.
Vom Geist bewegt,
     um für andere da zu sein.
Vom Geist bewegt,
     zu dir, unserem Gott.
Vom Geist bewegt.

Marcus Leitschuh

Wie geht's?

Auf die Frage antworten wir
ganz unterschiedlich.

Geht. Muss ja. Jooo ...

Gut! Was fragst du?!

Wollen wir wirklich wissen,
wie es dem anderen geht?
Wollen wir wirklich sagen,
wie es uns geht?

Wenn uns andere sagen,

dass es ihnen nicht gut geht,

dann würde uns das ja auffordern,

etwas zu tun.

Und unser Gegenüber wird herausgefordert,
uns zu helfen,
wenn wir unsere Stimmung outen.

Jesus fragt nicht, wie es uns geht.

Er weiß es. Und ist einfach immer da.

Peter Jansen

Gott ruft

Gott schreit nicht rum.
Er brüllt nicht an.
Gott spricht an
mit leisen Tönen.
Manchmal kaum wahrnehmbar.
Ab und zu ist es ein kleiner Ton,
in einer großen Symphonie.
Die zusätzliche Note
in einem bewegenden Lied.
Die entscheidende Idee des Komponisten
für eine wunderbare Harmonie.
Doch manchmal ist Gott auch
wie der schrille Ton, der uns wachrüttelt.
Der aus dem Zuviel des Wohlfühlens
herausholt.
Gott ruft raus aus dem alten Trott:
Im Hier und Jetzt will er neue Wege
mit dir gehen.

Marcus Leitschuh

Kontakt aufnehmen

Sprich mit Gott.
Ruf ihn an.
Schreib ihm.
Brüll zum Himmel.
Wein in dein Kissen.
Lach über beide Ohren.
Sing ein Lied.
Summ eine Melodie.
Lass ihn wissen,
      was dich bewegt.
Spar nicht mit Kontakt.
Hab den Mut,
      dich auch nach langem Schweigen
      wieder zu melden.

Er wird da sein.

Marcus Leitschuh

Die Welt mit allen Sinnen wahrnehmen

Die Welt betrachten und ansehen.
Unwissendes erhellen.
Erforschen und durchschauen.
Hören auf das Stille.
Nicht weghören bei den Schreien.
Anfassen – und aufrichten.
Nicht niederschlagen und wegsperren.
Ertasten und mitfühlen.
Nachgeben und hinschenken.

Ohren haben, um zu hören:
auf den Sound der Musik,
auf die Töne und Zwischentöne,
auf den Straßenverkehr,
auf die Lautsprecherdurchsage am Bahnhof,
auf die Predigt am Sonntag,
auf die Mahnungen der Eltern,
auf die Worte der Freundin,

auf meine innere Stimme,
auf den Schrei der Hilflosen,
auf die ungesagten Worte
        vieler Zeitgenossen,
auf das Schweigen, das mich umgibt.

Gott, gib mir ein hellhöriges Ohr –
heute und morgen!

Peter Jansen

Jetzt aktualisieren !

Aktualisieren

Unser Glauben ist immer – heute.
Er bewährt sich immer in dieser Sekunde.
Rückblicke sind schön.
Traditionen helfen.
Aber das Leben ist jetzt.
Die Antworten musst du heute geben.
Wenn du nicht mehr weiterweißt,
schau auf die Erfahrung der anderen vor dir
und blick in die Zukunft,
was sich daraus ergeben könnte.
Blinzle zum Himmel und frag, was er dir rät.
Und dann handle beherzt.
Mit Mut.
Offen, auch Fehler zu machen.
Leb aus deinem Glauben heraus.
Bei Gott ist immer:
heute.

Marcus Leitschuh

Anders

Es kommt alles anders.
Der schöne Plan:
durchkreuzt.
Etwas ist plötzlich
ganz anders.
Immer wieder
Entscheidungen
Fragen
Suchen
Hinweise
Angebote
Verführung
Immer wieder
Entscheidungen.
Und die Hoffnung,
dass DU, Gott,
dann immer bei uns bist.

Marcus Leitschuh

Gott wird berührbar und spürbar

In der Firmung zeichnet der Firmspender dem Firmling mit Chrisam (Öl) ein Kreuz auf die Stirn. Priester, Könige und Propheten wurden gesalbt – ein altes Zeichen, das schon Jesus kannte. „Ich nehme dich in den Dienst; ich beauftrage dich!", sagt er. „Bei mir bist du gut aufgehoben!" Christus selber nimmt mich in diesem Augenblick in den Dienst. Der Firmspender tut es in seinem Auftrag. Gott berührt mich spürbar in diesem kleinen Zeichen mit großer Wirkung. Er greift in mein Leben ein und wird für mich „begreifbar". Sakramente geben Zuspruch, sind aber auch mit einem wirkmächtigen Zeichen verbunden, das förmlich „unter die Haut" geht.

Der Firmspender nennt mich bei meinem Namen: *Ich* bin gemeint und herausgerufen; Jesus kennt mich und sendet mich aus, seine Botschaft zu leben und vor allem dadurch zu verkünden.

Peter Jansen

Man sieht es mir an

Bis über beide Ohren verliebt, wenn ich sie ansehe." – „Wenn er vor mir steht ...!" Mit so einem Blick schaut Gott auf mich!

Gott hat auch mit meinen Gefühlen zu tun. So wie er in dunklen Momenten tröstend bei mir ist, so freut er sich auch mit mir, wenn ich vor Freude in die Luft springen könnte. Etwa, wenn ich mich verliebe, ins Schwärmen gerate: „Dieses Lachen, die süße Nase ..." Mein Herz pocht, meine Gedanken bekommen Flügel.

In Momenten des Verliebtseins kann man Gott am nächsten sein: dieses Kribbeln im Bauch; dieses Tag-und-Nacht-an-den-anderen-denken-Müssen und -Wollen; das Hormonchaos; keinen Hunger verspüren, weil Luft und Liebe mich ernähren ... So ähnlich können wir uns den Blick Gottes vorstellen: seinen alltäglichen und ewigen zärtlichen, verliebten Blick auf die Menschen. Auf dich und mich. Auf jede und jeden.   *Marcus Leitschuh*

Gottes Grundeinstellungen

Gott schenkt uns mit der Taufe eine Art Grundeinstellung: Auf die Liebe kommt es an: Du bist geliebt – und du kannst lieben! Gott und die Menschen. Viele „Einstellungen" helfen dabei: die Zehn Gebote. Das Glaubensbekenntnis. Die Sakramente.

Gottes Wort in den menschlichen Worten der biblischen Autoren.

Du bist eingeladen, die Grundeinstellung immer wieder zu überprüfen. Du darfst dich immer wieder frei entscheiden. Du darfst sie auf dein Leben beziehen.

So wie viele Christinnen und Christen, wie besonders die Heiligen den Worten Taten folgen ließen. So wie Menschen auf der ganzen Welt in Gottes Namen leben.

Marcus Leitschuh

Gottes Kreativität in dir

Herr, schenke mir
den Geist der Kreativität.
Den kräftigen Pinselstrich.
Den berührenden Ton.
Den faszinierenden Blick.
Das anrührende Wort.
Das begeisternde Bild.
Die starke Bewegung.
Die mutige Performance.

Marcus Leitschuh

Die Bibel

Nimm und lies!
In der Bibel steht viel,
was sich zu lesen lohnt.

In den Büchern des Alten Testaments geht es überwiegend um die Geschichte des Volkes Israel mit seinem Gott:
Die fünf Bücher Mose und andere Schriften beschreiben, wie Israel zum auserwählten Volk wurde. Die Prophetenbücher geben Anleitung zum Glauben. Es gibt auch Gebetbücher, wie das Buch der Psalmen.

Im Neuen Testament wird uns durch die vier Evangelisten das Leben Jesu berichtet. Dabei schreibt jeder von ihnen aus einer etwas anderen Perspektive. Die Apostelgeschichte gibt uns einen Einblick in das Leben der jungen Kirche. Die Briefe von Paulus, Petrus, Jakobus und anderen ermutigen die jungen Gemeinden zu einem Leben mit Jesus Christus. Aus den Briefen erfahren wir viel über das Leben der ersten Christen und darüber, welche Fragen, Nöte und Sorgen, aber auch, welche Freuden sie damals hatten.

Das kann auch unseren Glauben heute bestärken und uns Mut machen, Zeuginnen und Zeugen für Jesus Christus zu sein oder zu werden.

Es lohnt sich, in der Bibel immer wieder zu lesen!

Peter Jansen

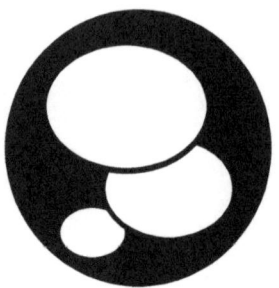

Ahnungen

Was ein Mensch ist,
   können wir biologisch erklären.
 Doch was einen Menschen ausmacht,
 müssen wir erleben.
Wie ein Mensch aussieht,
können wir beschreiben.
 Doch was einen Menschen ausmacht,
 müssen wir erfahren.
Wie ein Mensch sich entscheidet,
können wir sehen.
 Doch was einen Menschen ausmacht,
 müssen wir erfühlen.
Was ein Mensch tut,
können wir beobachten.
 Doch was einen Menschen ausmacht,
 können wir nur erahnen.

Marcus Leitschuh

Update

Informationen veraltet. Anfällig für Viren.
Funktionen nicht mehr nutzbar.
          Neues Update verfügbar.
Gott,
mach mich immer wieder fit.
Für ein christliches Leben.
          Für Mitgefühl mit denen,
          denen es schlecht geht.
Für Engagement
für die Umwelt, deine Schöpfung.
          Für meinen Einsatz
          für den Frieden.
Für Liebe und Vertrauen.

Gott,
date du mich regelmäßig up,
damit ich dir und deiner Botschaft
ein Leben lang treu bleibe.

Kerstin Leitschuh

Offen sein

Ich wünsche dir Menschen,
bei denen du offen sein darfst.
Wo du dich öffnen kannst.
Ohne Mauern um dich zu brauchen,
die deine Gefühle beschützen.
Ich wünsche dir
Offenheit für die Nähe von Menschen,
Sehnsucht nach der Nähe zu Gott.
Auch wenn du ihn noch nicht siehst.
Wenn er dir fremd ist.
Er ist längst da.
Mit ausgestreckten Armen.
Und er wartet
auf dich.

Marcus Leitschuh

Gott ansprechen

Wenn ich zu Gott spreche,
wie spreche ich ihn dann an?
Sag ich hi, hallo oder wie?
Und wenn ich mich verabschiede:
„Mit freundlichen Grüßen"?
Ist Gott ein Vor- oder sein Nachname?
Die Antwort Gottes klingt komisch:
„Ich bin, der da ist."
So bezeichnet sich Gott in der Bibel.
Gottes Name ist Programm.
Immer, egal wo wir sind, egal was wir machen:
Er ist der, der da ist.
Was für eine Zusage: Wir sind nie allein!
Er ist da und sucht die Beziehung zu uns.

Gottes Name ist keine Bezeichnung.
Sie ist eine Zustandsbeschreibung.
Und eine Einladung, Kontakt aufzunehmen.

Marcus Leitschuh

Orientierungshilfen

Deine Wege
sollen Segen haben.
Das Schleichen
und das Rennen.
Das Erklimmen
und Herabsteigen.
Dein Gehen,
dein Dich-Regen, Dich-Rühren.
Dein Umhergehen,
Fahren, Huschen.
Dein Laufen,
Rollen, Dich-Rühren.
Dein Schwanken,
Spazierengehen, Wandern.

Es soll ein Segen sein
in deinem Gehen.

Im Nachjagen,
        Verfolgen, Hetzen.
Im Herumstreifen,
        Herumziehen, Marschieren.
Im Schreiten,
        Schweifen, Trampen.

Es wird sein Segen bei dir sein.
        Ob du auf Zehenspitzen gehst
        oder springst.
Auch wenn du dich entfernst,
        weggehst, abrückst.
Auch beim Abwandern
        und Davonlaufen.

Segen ist auf all deinen Wegen.

Marcus Leitschuh

Offline

Kein Guthaben mehr?
Kein Strom?
Kein gutes Netz?

Offline ...

Keine neue Nachricht.
Kein „like" im sozialen Netzwerk.
Kein Selfie.

Stille.
Konzentration auf das Jetzt.
Aufmerksam für dich selbst.
Fokussiert auf deinen Freund.

Hören.
Auf das zwischen den Zeilen.
Auf Sorgen und Ängste.
Auf Freuden und Fröhlichkeit.

Genieße die Zeit
ohne Guthaben
ohne Strom
ohne Netz.

Gott begegnet dir –
auch wenn du offline bist.
Er ist da.
Vielleicht gerade jetzt spürbar?

Kerstin Leitschuh

Gott ist online

Mein Handy klingelt.
Ich schaue sofort,
wer mir eine Nachricht geschickt hat.
Rund um die Uhr bin ich online
für meine Freundinnen und Freunde,
für meine Familie und für viele andere.
Ein kurzer Blick genügt, um zu wissen,
ob ich antworten muss
oder nur ein Bild empfangen habe.
Viele kennen mich und schreiben mir
eine Nachricht, bringen sich in Erinnerung.
Ich habe viele *follower* und *friends* –
ich bin beliebt!
Immer erreichbar sein ist toll!
Ich bin für meine Freundinnen und Freunde da –
das wissen sie.
An vielen ihrer Erlebnisse habe ich Anteil –
und freue mich darüber.

Auch Gott ist für mich immer online,
da brauche ich kein Smartphone –
der hört mich auch so.
Ich brauche nicht mal die Hände zu falten
oder zum Himmel zu blicken.
Ein kurzes Wort des Dankes
oder der Bitte reichen,
ein Lobpreis, ein kurzes Gebet,
vielleicht ein Vaterunser*.
Er hört mich und ist bei mir,
er beschützt mich auf allen meinen Wegen.
Er, der mich behütet, schläft nicht!

Peter Jansen

* Vater unser im Himmel, geheiligt werde dein Name.
Dein Reich komme. Dein Wille geschehe, wie im Himmel
so auf Erden. Unser tägliches Brot gib uns heute. Und vergib uns unsere Schuld, wie auch wir vergeben unseren
Schuldigern. Und führe uns nicht in Versuchung, sondern
erlöse uns von dem Bösen. Amen.

Mut zu fragen

Hab Mut zu fragen
nach dem Warum.
Nach dem Weil.
Frag, wie es ist.
Hör nicht auf zu fragen,
wenn etwas alternativlos scheint.
Gib keine Ruhe,
bis du das Wieso geklärt hast.
Lass dich nicht ablenken
von deinen Fragezeichen.
Sei nicht zufrieden
mit Antwortversuchen.
Folge
deinen Gedanken.
Deinen Fragen.
Deinem Suchen nach Wahrheit.
Nach Wahrhaftigkeit.

Frag nach.
Frag nach Gott,
stelle ihn, wenn dir danach ist,
auch infrage.
Doch
höre auch auf seine Antworten.
Im Wort, das dir zufliegt.
Im Blick, den du erkennst.
Im Helfen eines Menschen.
Da ist Gott.
Um unsere Fragen zu beantworten.
Ein Leben lang –
und darüber hinaus.

Marcus Leitschuh

Das Autorenteam

Kerstin Leitschuh ist Germanistin und zuständig für die Unternehmenskommunikation in der Stiftung Kurhessisches Diakonissenhaus Kassel.

Marcus Leitschuh, vielfältig engagierter Religionslehrer in Immenhausen bei Kassel, ist bekannt als Autor zahlreicher Bücher und Radioimpulse.

Peter Jansen, Klinikpfarrer in Velbert und Diözesanpräses des Kolpingwerkes Köln, ist Autor vieler (jugend)katechetischer Artikel und einiger Bücher.

Klimaneutral gedruckt – weil jeder Beitrag wichtig ist

2021, 1. Auflage
© Alle Rechte der deutschen Ausgabe bei
Verlag Neue Stadt GmbH, Oberpframmern bei München
Umschlaggestaltung und Satz: Neue-Stadt-Grafik
Druck: CPI – Clausen & Bosse, Leck
ISBN 978-3-7346-1249-7

www.neuestadt.com